Impressum
Verlag: BABADADA GmbH, Nedderfeld 112 , 22529 Hamburg
Geschäftsführer / Verlagsleitung: Harald Hof
Druck: Books on Demand GmbH, In de Tarpen 42, 22848 Norde-stedt

Imprint
Publisher: BABADADA GmbH, Nedderfeld 112 , 22529 Hamburg, Germany
Managing Director / Publishing direction: Harald Hof
Print: Books on Demand GmbH, In de Tarpen 42, 22848 Norderstedt, Germany

مدرسه
skole

کلاس درس
klasseværelse
تقسیم کردن
dividere
186/2
تخته
tavle
skolegård
معلم
lærer
کاغذ
papir
نوشتن
skrive
خودکار
pen
میز تحریر
skrivebord
خط کش
lineal
کتاب
bog
دانش آموز
elev

کیف مدرسه

skoletaske

جامدادی

penalhus

مداد

blyant

تراش

blyantspidser

پاک کن

viskelæder

دفتر رسم

tegneblok

2

مدرسه - skole

طراحی

tegning

قلم مو

pensel

جعبه ی آبرنگ

æske med vandfarver

قیچی

saks

چسب

lim

کتاب تمرین

opgavehefte

تکلیف خانه

lektie

رقم

tal

2+2

جمع کردن

addere

5-2

تفریق کردن

subtrahere

2×2

ضرب کردن

multiplicere

محاسبه کردن

regne

A

حرف الفبا

bogstav

ABCDEFG
HIJKLMN
OPQRSTU
VWXYZ

الفبا

alfabet

کلمه

ord

متن
tekst

خواندن
læse

گچ
kridt

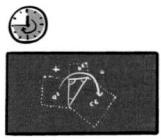

درس
time

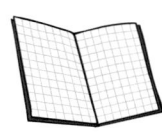

ثبت نام
klasseprotokol

امتحان
eksamen

مدرک رسمی
karakterbog

لباس مدرسه
skoleuniform

تحصیلات
uddannelse

دانشنامه
leksikon

دانشگاه
universitet

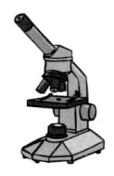

میکروسکوپ
mikroskop

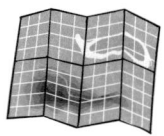

نقشه
kort

سبد کاغذ باطله
papirkurv

سفر

rejse

هتل
hotel
مسافرخانه
herberg
صرافی
vekselkontor
چمدان
kuffert
اتومبیل
bil

زبان
sprog

بله / خیر
ja / nej

اکی
okay

سلام
hej

مترجم
oversætter

ممنون
tak

قیمت ... چه قدر است؟

hvad koster…?

من متوجه نمی شوم

Jeg forstår ikke

مشکل

problem

عصر بخیر! / شب بخیر!

God aften!

صبح بخیر!

God morgen!

شب بخیر!

God nat!

خدانگهدار

farvel

جهت

retning

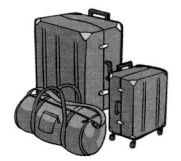

بار سفر

bagage

کیف

taske

کوله پشتی

rygsæk

مهمان

gæst

اتاق

værelse

کیسه خواب

sovepose

خیمه

telt

مرکز راهنمای گردشگران

turistinformation

ساحل

strand

کارت اعتباری

kreditkort

صبحانه

morgenmad

نهار

middagsmad

شام

aftensmad

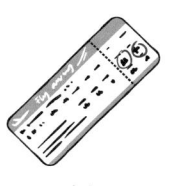

بلیط

billet

آسانسور

elevator

مهر

frimærke

مرز

grænse

گمرک

told

سفارتخانه

ambassade

ویزا

visum

گذرنامه

pas

حمل و نقل

transport

هواپیما
flyvemaskine
کشتی
skib
ماشین آتش نشانی
brandbil
کامیون
lastbil
اتوبوس
bus
قایق موتوری
motorbåd
اتومبیل
bil
دوچرخه
cykel

کشتی مسافربری

færge

قایق

båd

موتورسیکلت

motorcykel

ماشین پلیس

politibil

ماشین مسابقه

racerbil

ماشین کرایه ای

lejebil

به اشتراک گذاری اتوموبیل

samkørsel

جرثقیل

kranbil

ماشین حمل زباله

skraldebil

موتور

motor

بنزین

benzin

پمپ بنزین

tankstation

تابلو راهنمایی و رانندگی

trafikskilt

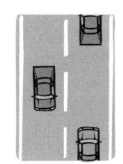

عبور و مرور

trafik

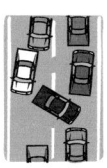

ترافیک

trafikprop

پارکینگ

parkeringsplads

ایستگاه قطار

banegård

ریل راه آهن

skinner

قطار

tog

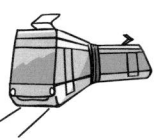

قطار برقی

sporvogn

واگن

wagon

هلیکوپتر

helikopter

فرودگاه

lufthavn

برج

tårn

مسافر

passager

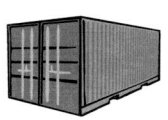

کانتینر

container

کارتن

karton

گاری

kærre

سبد

kurv

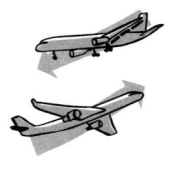

به پرواز درآمدن / فرود آمدن

starte / lande

شهر

by

دهکده

landsby

مرکز شهر

bymidte

خانه

hus

سینما
biograf

تبلیغ
reklame

چراغ خیابان
gadelygte

CINEMA

خیابان
gade

تاکسی
taxi

دکه
kiosk

عابر پیاده
fodgænger

پیاده رو
fortov

چهارراه
kryds

خط کشی عابر پیاده
fodgængerovergang

سطل آشغال بزرگ
skraldespand

چراغ راهنما
lyskurv

کلبه
....
hytte

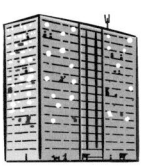

آپارتمان
....
lejlighed

ایستگاه قطار
....
banegård

ساختمان شهرداری
....
rådhus

موزه
....
museum

مدرسه
....
skole

دانشگاه
universitet

بانک
bank

بیمارستان
sygehus

هتل
hotel

داروخانه
apotek

اداره
kontor

کتابفروشی
boghandel

مغازه
butik

گل فروشی
blomsterbutik

سوپرمارکت
supermarked

بازار
marked

فروشگاه بزرگ
stormagasin

ماهی فروش
fiskehandler

مرکز خرید
butikscenter

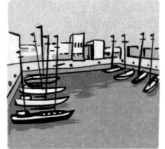

بندر
havn

پارک

park

نیمکت

bænk

پل

bro

پله

trappe

مترو

undergrundsbane

تونل

tunnel

ایستگاه اتوبوس

busstoppested

میخانه

barnevogn

رستوران

restaurant

صندوق پست

postkasse

تابلوی خیابان

vejskilt

دستگاه پارکومتر

parkometer

باغ وحش

zoo

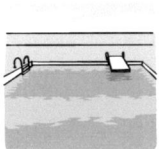

استخر شنای عمومی

badeanstalt

مسجد

moske

شهر - by

13

مزرعه

bondegård

آلودگی محیط زیست

miljøforurening

قبرستان

kirkegård

کلیسا

kirke

زمین بازی

legeplads

معبد

tempel

چشم انداز
landskab

برگ
blad

تابلوی راهنمای مسیر
vejviser

راه
vej

چمنزار
eng

سنگ
sten

درخت
træ

راه نورد
vandrer

رودخانه
flod

چمن
græs

گل
blomst

دره

dal

تپه

bjerg

دریاچه

sø

جنگل

skov

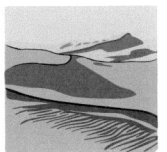

بیابان

ørken

کوه آتشفشان

vulkan

قلعه

slot

رنگین کمان

regnbue

قارچ

svamp

درخت نخل

palme

پشه

moskito

مگس

flue

مورچه

myre

زنبور

bi

عنکبوت

edderkop

سوسک

bille

قورباغه

frø

سنجاب

egern

جوجه تیغی

pindsvin

خرگوش صحرایی

hare

جغد

ugle

پرنده

fugl

قو

svane

گراز

vildsvin

گوزن نر

hjort

گوزن شمالی

elg

سد آب

dæmning

توربین بادی

vindmølle

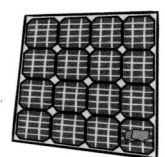

صفحه ی خورشیدی

solcellemodul

آب و هوا

klima

رستوران
restaurant

tjener
منوی غذا
spisekort
صندلی
stol
سوپ
suppe
پیتزا
pizza
سرویس کارد و قاشق و چنگال
bestik
رومیزی
borddug

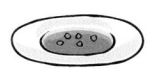

پیش‌غذا
forret

غذای اصلی
hovedret

دسر
dessert

نوشیدنی ها
drikkevarer

غذا
mad

بطری
flaske

فست فود

fastfood

اغذیه خیابانی

streetfood

قوری

tekande

قندان

sukkerdåse

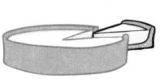

پُرس غذا

portion

دستگاه اسپرسو

espressomaskine

صندلی پایه بلند غذاخوری بچه

barnestol

صورتحساب

faktura

سینی

tablet

چاقو

kniv

چنگال

gaffel

قاشق

ske

قاشق چایخوری

teske

دستمال سفره

serviet

لیوان

glas

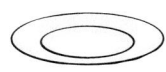

بشقاب

tallerken

بشقاب سوپخوری

dyb tallerken

نعلبکی

underkop

سس

sovs

نمکدان

saltbøsse

فلفل ساب

peberkværn

سرکه

eddike

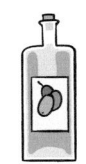

روغن خوراکی

olie

ادویه جات

krydderier

سس کچاپ

ketchup

سس خردل

sennep

سس مایونز

mayonnaise

سوپرمارکت

supermarked

پیشنهاد ویژه
tilbud
FOR
مشتری
kunde
لبنیات
mælkeprodukter
میوه جات
frugt
چرخ دستی خرید
indkøbsvogn

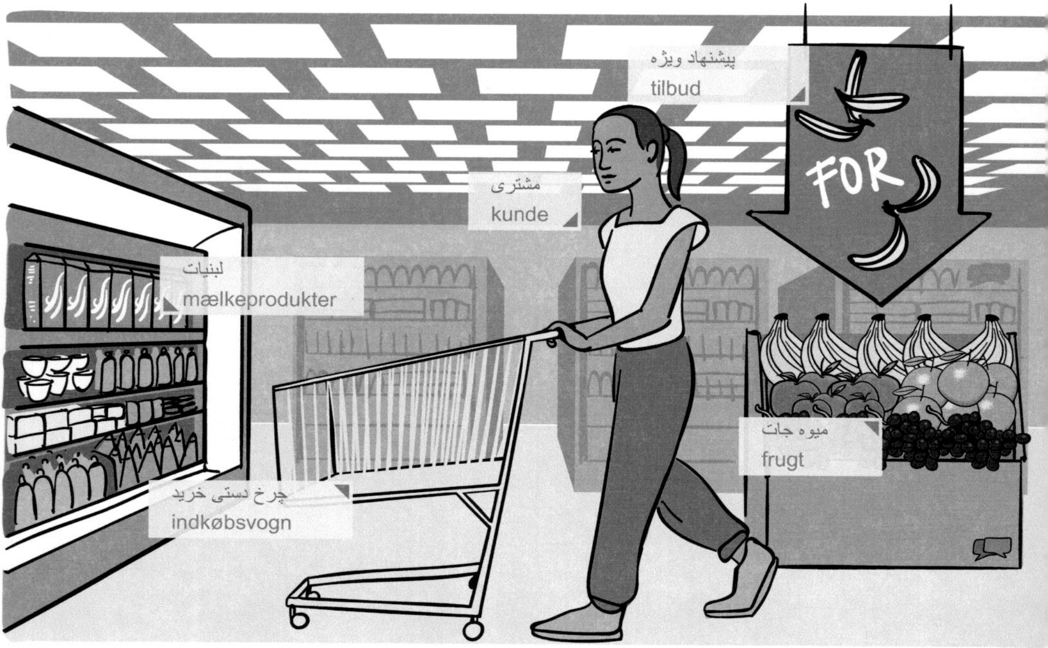

قصابی

slagter

نانوایی

bageri

وزن کردن

veje

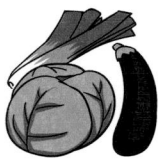

سبزیجات

grøntsager

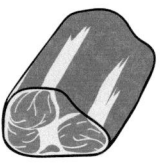

گوشت

kød

غذای منجمد

frostvarer

مخلوطی از انواع کالباس یا پنیر که
ورقه ای بریده شده باشند

pålæg

غذای کنسروی

konserves

پودر لباسشویی

vaskemiddel

شیرینی جات

slik

لوازم خانگی

husholdningsvarer

ماده شوینده و پاک کننده

rengøringsmidler

فروشنده

ekspedient

صندوق پرداخت

kasse

صندوقدار

kasserer

لیست خرید

indkøbsliste

ساعات کار

åbningstider

کیف پول

tegnebog

کارت اعتباری

kreditkort

کیف

taske

کیسه ی پلاستیکی

plasticpose

نوشیدنی ها
drikkevarer

آب

vand

آبمیوه

saft

شیر

mælk

نوشابه کوکاکولا

cola

شراب

vin

آبجو

øl

الکل

alkohol

کاکائو

kakao

چای

te

قهوه

kaffe

قهوه اسپرسو

espresso

کاپوچینو

cappuccino

غذا

mad

موز

banan

سیب

æble

پرتقال

appelsin

انواع هندوانه و خربزه

melon

لیمو

citron

هویج

gulerod

سیر

hvidløg

نی بامبو

bambus

پیاز

løg

قارچ

svamp

آجیل

nødder

ماکارونی

nudler

اسپاگتی

spaghetti

برنج

ris

سالاد

salat

سیب زمینی سرخ کرده

pomfritter

سیب زمینی سرخ شده

stegte kartofler

پیتزا

pizza

همبرگر

hamburger

ساندویچ

sandwich

شنیتسل

schnitzel

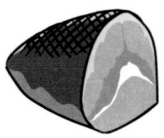

ژامبون خوک

skinke

سالامی

salami

سوسیس

pølse

مرغ

kylling

نوعی گوشت سرخ شده

steg

ماهی

fisk

جوی پرک شده

havregryn

نوعی صبحانه مخلوطی از برگه ذرت و
میوه های خشک شده و خشکبار که
معمولا با شیر خورده می شود

mysli

کورنفلکس

cornflakes

آرد

mel

کرواسان

croissant

نان بروتشن

rundstykke

نان

brød

نان تست

toast

بیسکویت

kiks

کره

smør

کشک

kvark

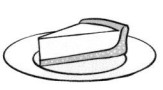

کیک

kage

تخم مرغ

æg

تخم مرغ نیمرو

spejlæg

پنیر

ost

بستنی

is

شکر

sukker

عسل

honning

مربا

marmelade

کرم شکلاتی بادامی

nougat-creme

ادویه کاری

karry

مزرعه

bondegård

خانه ی مزرعه داران
bondehus
انبار غله
skur
خرمن کاه
halmballer
مزرعه
mark
اسب
hest
ماشین یدک کش
anhænger
تراکتور
traktor
کره اسب
føl
خر
æsel
گوسفند
får
بره
lam

بز

ged

گاو ماده

ko

گوساله

kalv

خوک

svin

بچه خوک

gris

گاو نر

tyr

غاز

gås

اردک

and

جوجه

kylling

مرغ

høne

خروس

hane

موش صحرایی

rotte

گربه

kat

موش

mus

گاو نر اخته

okse

سگ

hund

لانه ی سگ

hundehus

شلنگ باغبانی

haveslange

آبپاش

vandkande

داس دسته بلند

le

گاوآهن

plov

داس

segl

کج بیل

hakkejern

چنگک باغبانی

møggreb

تبر

økse

فرقون

trillebør

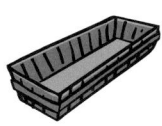

آبشخور

trug

بطری نگهداری شیر

mælkekande

کیسه

sæk

حصار

hæk

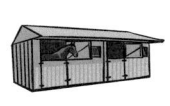

اصطبل

stald

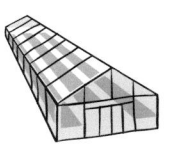

گلخانه

drivhus

خاک

jord

بذر

frø

کود

gødning

ماشین کمباین

mejetærsker

برداشت کردن محصول

høste

محصول

høst

تمیس

yams

گندم

hvede

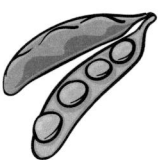

سویا

soja

سیب زمینی

kartoffel

ذرت

majs

کلزا

raps

درخت میوه

frugttræ

گیاه مانیوک

maniok

غلات

korn

خانه

hus

دودکش
skorsten
پشت بام
tag
ناودان
tagrende
پنجره
vindue
گاراژ
garage
زنگ در
dørklokke
در
dør
سطل آشغال
skraldespand
صندوق مراسلات
postkasse
باغ
have

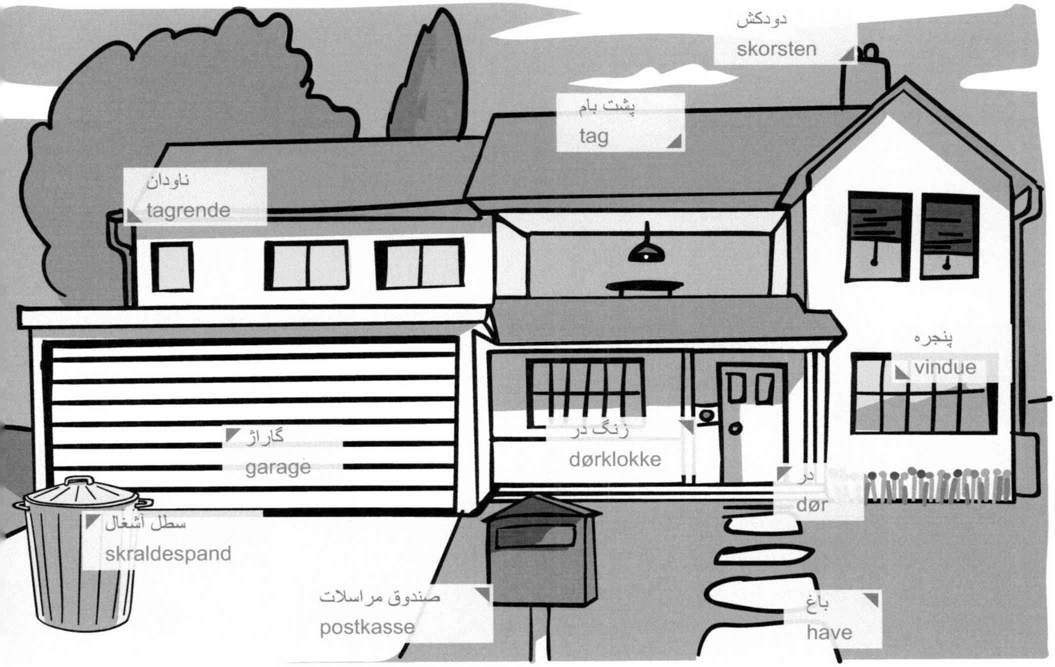

اتاق نشیمن

stue

حمام

badeværelse

آشپزخانه

køkken

اتاق خواب

soveværelse

اتاق بچه

børneværelse

ناهارخوری

spisestue

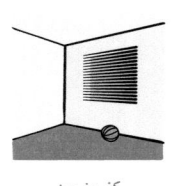

كف زمين

gulv

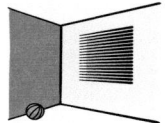

ديوار

væg

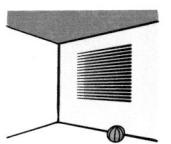

سقف

loft

زيرزمين

kælder

سونا

sauna

بالكن

altan

تراس

terrasse

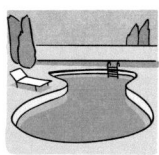

استخر

svømmehal

ماشين چمن‌زنی

plæneklipper

ملافه

dynebetræk

روتختی

dyne

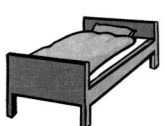

تخت خواب

seng

جارو

kost

سطل

spand

سويچ يا كليد

kontakt

اتاق نشیمن

stue

کاغذ دیواری
tapet
عکس
billede
لامپ
lampe
قفسه
reol
کابینت
skab
تلویزیون
fjernsyn
شومینه
pejs
گل
blomst
کوسن
pude
کاناپه
sofa
گلدان
vase
کنترل تلویزیون و ویدئو و غیره
fjernbetjening

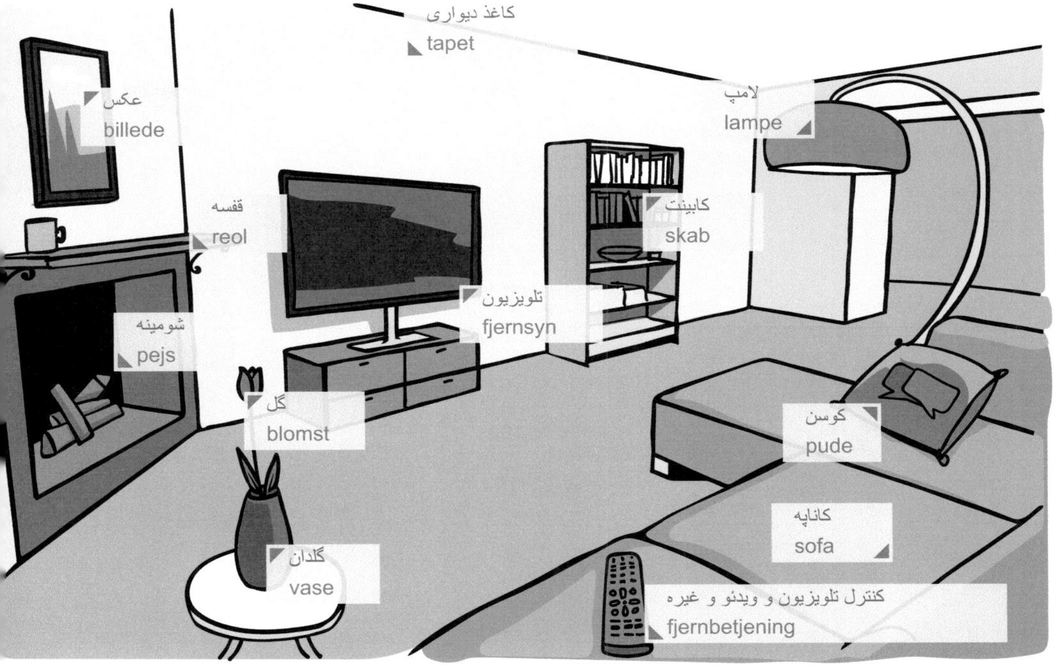

فرش

gulvtæppe

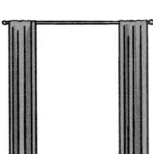

پرده

gardin

میز

bord

صندلی

stol

صندلی گهواره ایی

gyngestol

صندلی راحتی

lænestol

كتاب

bog

لحاف

tæppe

دكوراسيون

dekoration

هيزم

brænde

فيلم

film

دستگاه ضبط صوت

stereoanlæg

كليد

nøgle

روزنامه

avis

تابلو نقاشی

maleri

پوستر

plakat

رادیو

radio

دفترچه یادداشت

notesblok

جاروبرقی

støvsuger

كاكتوس

kaktus

شمع

lys

آشپزخانه
køkken

یخچال
køleskab
ماکروویو
mikrobølgeovn
køkkenvægt
تُستر
brødrister
ماده شوینده و پاک کننده
rengøringsmiddel
فر خوراک پزی
bageovn
جایخی
fryserum
سطل آشغال
skraldespand
ماشین ظرفشویی
opvaskemaskine

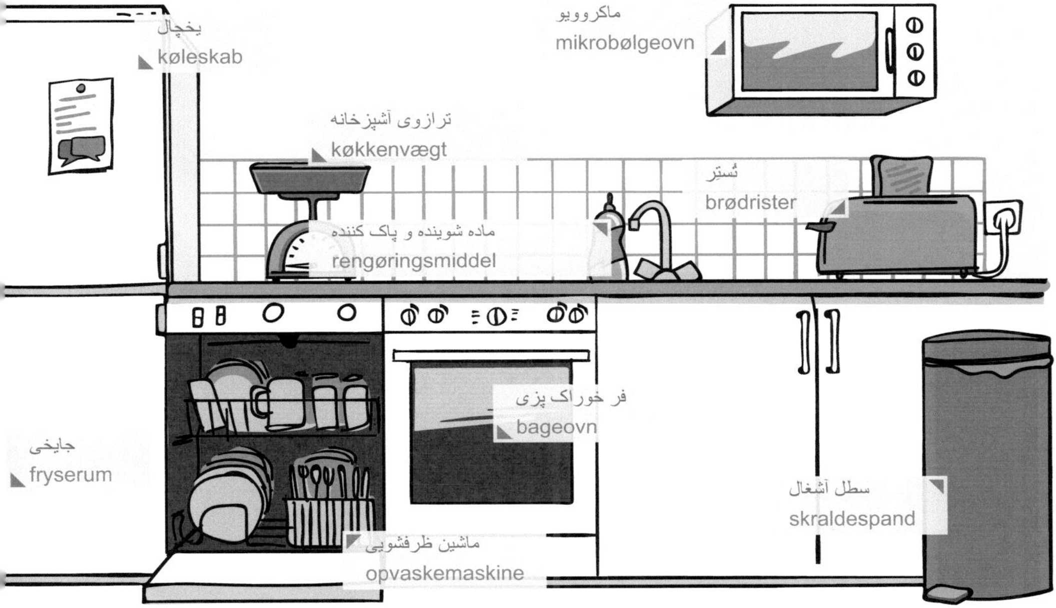

اجاق گاز

komfur

قابلمه

gryde

قابلمه چدنی

jerngryde

ماهی تابه گود

wok / kadai

ماهی تابه

pande

کتری

elkedel

بخارپز

dampkoger

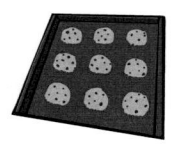

سینی فر

bageplade

ظرف چینی آشپزخانه

service

لیوان

bæger

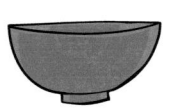

کاسه

skål

چاپستیک

spisepinde

ملاقه

øseske

کفگیر

paletkniv

همزن

piskeris

آبکش

dørslag

آبکش

si

رنده

rive

هاون

morter

باربیکیو

grille

محل مخصوص افروختن آتش

ildsted

تخته گوشت و سبزی

skærebræt

وردنه

kagerulle

در بطری بازکن

proptrækker

قوطی

dåse

در قوطی بازکن

dåseåbner

دستگیره پارچه ای

grydelap

سینک ظرفشویی

køkkenvask

برس گردگیری

børste

اسفنج

svamp

مخلوط کن

blender

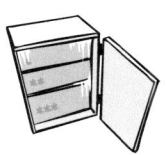

فریزر

dybfryser

شیشه شیر بچه

sutteflaske

شیر آب

vandhane

حمام

badeværelse

دوش
brusebad
بخاری
radiator
حوله
håndklæde
پرده ی حمام
bruserforhæng
حمام کف
skumbad
وان حمام
badekar
لیوان
glas
ماشین لباسشویی
vaskemaskine
شیر آب
vandhane
کاشی
fliser
لگن دستشویی کودکان
tissepotte
سینک ظرفشویی
køkkenvask

توالت

toilet

توالت ایرانی

hugsiddende toilet

کاسه توالت

bidet

توالت مخصوص آقایان

pissoir

دستمال توالت

toiletpapir

فرچه توالت

toiletbørste

مسواک

tandbørste

خمیردندان

tandpasta

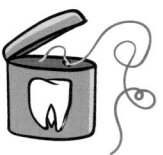

نخ دندان

tandtråd

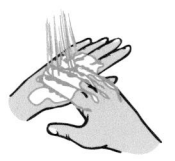

شستن

vaske

دوش آب تلفنی

håndbruser

شلنگ توالت

intimbruser

لگن روشویی

vaskefad

برس شست و شوی پشت

badebørste

صابون

sæbe

شامپو بدن

brusegele

شامپو

shampoo

لیف حمام

vaskeklud

راه آب

afløb

کرم

creme

اسپری دئودورانت

deodorant

آیینه

spejl

آیینه ی کوچک دستی

kosmetikspejl

تیغ ریش تراشی

barberhøvl

کف ریش‌تراشی

barberskum

اَفترشِیو

barbervand

شانه ی سر

kam

برس

børste

سشوار

hårtørrer

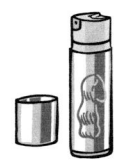

اسپری مو

hårspray

آرایش

makeup

رژلب

læbestift

لاک ناخن

neglelak

پنبه

vat

قیچی ناخن

neglesaks

عطر

parfume

کیف لوازم آرایشی و بهداشتی

toilettaske

چهارپایه

skammel

ترازو

vægt

حوله ی پالتویی

badekåbe

دستکش ظرفشویی

gummihandsker

تامپون

tampon

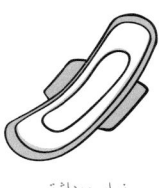

نوار بهداشتی

damebind

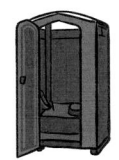

توالت سیار

kemisk toilet

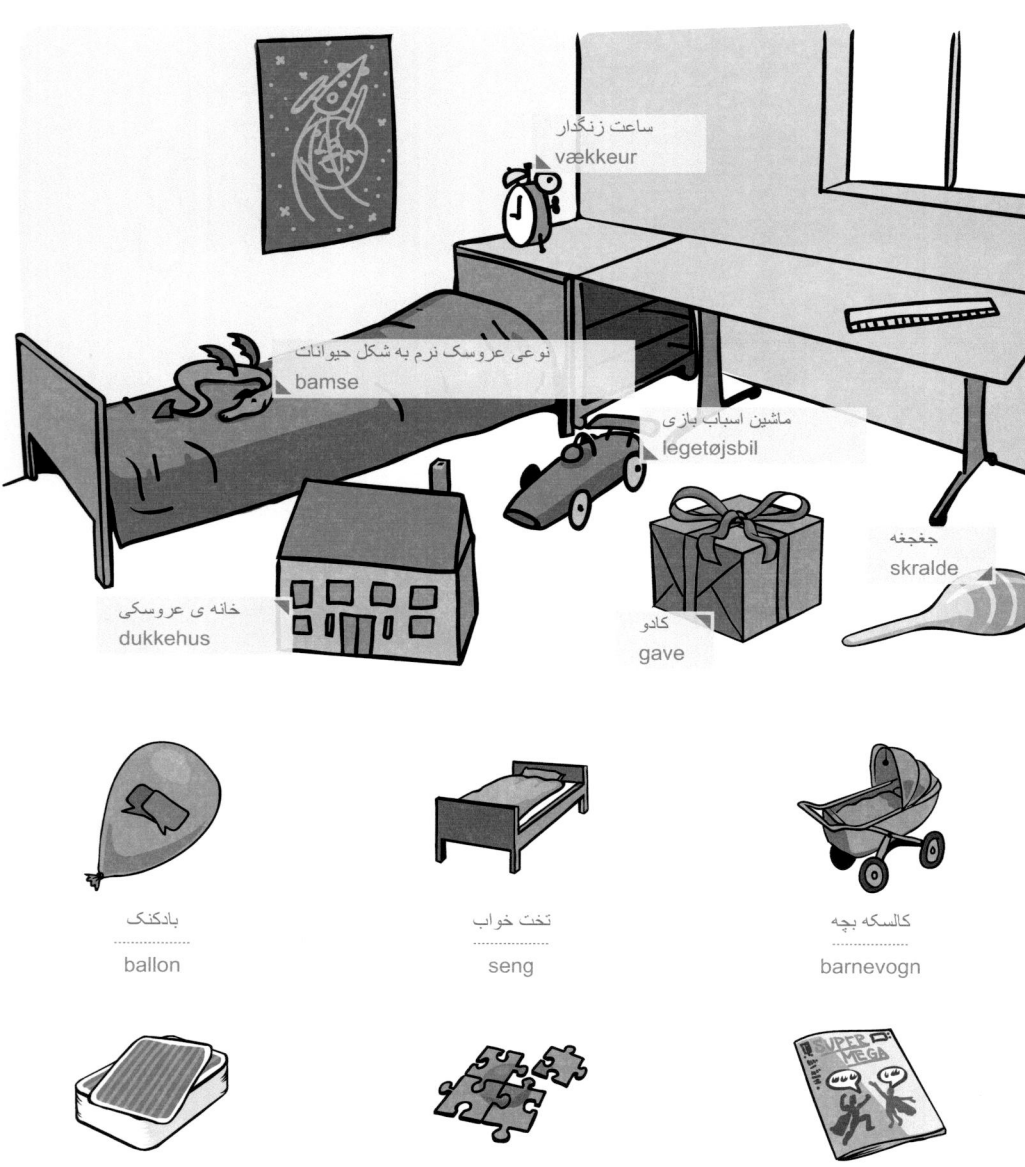

اتاق بچه

børneværelse

ساعت زنگدار
vækkeur
نوعی عروسک نرم به شکل حیوانات
bamse
ماشین اسباب بازی
legetøjsbil
جغجغه
skralde
خانه ی عروسکی
dukkehus
کادو
gave

بادکنک

ballon

تخت خواب

seng

کالسکه بچه

barnevogn

بازی ورق

kortspil

پازل

puslespil

داستان مصور

tegneserie

اسباب بازی لگو

legoklodser

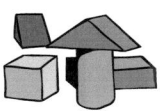

خانه سازی

byggeklodser

عروسک شخصیت های فیلم و کارتون

action figur

لباس نوزاد

sparkedragt

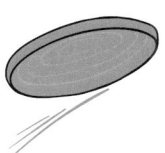

فریزبی

frisbee

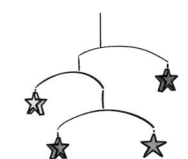

نوعی اسباب بازی که روی تخت نوزاد
یا کودک نصب می شود

uro

بازی روی صفحه

brætspil

تاس

terning

قطار اسباب بازی

modeljernbane

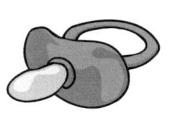

پستانک

sut

مهمانی

fest

کتاب مصور

billedbog

توپ

bold

عروسک

dukke

بازی کردن

lege

جعبه شنی مخصوص بازی کودکان

sandkasse

تاب

gynge

اسباب بازی

legetøj

کنسول بازی های کامپیوتری

spillekonsol

سه چرخه

trehjulet cykel

خرس عروسکی

bamse

کمد لباس

klædeskab

لباس

tøj

جوراب

sokker

جوراب زنانه ساق بلند

strømper

جوراب شلواری

strømpebukser

شال
sjal

چتر
paraply

تی شرت
T-shirt

کمربند
bælte

پوتین
støvler

دمپایی
hjemmesko

کفش ورزشی کتانی
sneakers

صندل
sandaler

کفش
sko

چکمه پلاستیکی
gummistøvler

شرت
underbukser

سوتین
BH

جلیقه
undertrøje

لباس - **tøj**

45

بادی

body

شلوار

bukser

جین

jeans

دامن

nederdel

بلوز

bluse

پیراهن

skjorte

پولیور

pullover

سویی شرت

sweatshirt

نوعی کت

blazer

ژاکت

jakke

کت بلند

frakke

بارانی

regnfrakke

لباس نمایش

kostume

لباس

kjole

لباس عروس

brudekjole

کت و شلوار

jakkesæt

لباس خواب زنانه

nattrøje

پیژامه

pyjamas

ساری

sari

روسری

hovedtørklæde

عمامه

turban

برقع

burka

قبا

kaftan

عبا

abaya

لباس شنا

badedragt

شرت شنا

badebukser

شلوارک

korte bukser

لباس ورزشی

træningsdragt

پیشبند

forklæde

دستکش

handsker

دكمه

knap

عینک

briller

دستبند

armbånd

گردنبند

kæde

انگشتر

ring

گوشواره

ørering

کلاه لبه دار

hue

چوب لباسی

bøjle

کلاه

hat

کراوات

slips

زیپ

lynlås

کلاه ایمنی

hjelm

بند شلوار

seler

لباس مدرسه

skoleuniform

لباس فرم

uniform

پیش بند بچه

hagesmæk

پستانک

sut

پوشک بچه

ble

اداره

kontor

سرور
server
کمد نگهداری پرونده
arkivskab
چاپگر
printer
مانیتور
skærm
کاغذ
papir
ماوس
mus
میز تحریر
skrivebord
زونکن
mappe
صفحه کلید
tastatur
صندلی
stol
سبد کاغذ باطله
papirkurv
کامپیوتر
computer

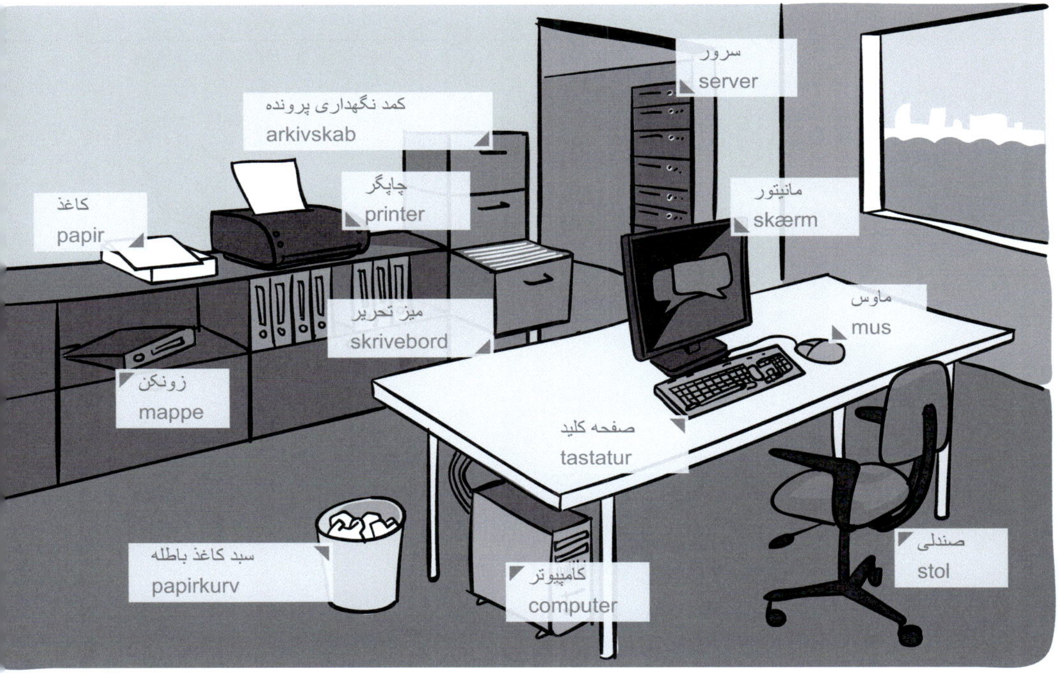

لیوان قهوه

kaffekrus

ماشین حساب

lommeregner

اینترنت

internet

لپ تاپ

bærbar

نامه

brev

پیغام

besked

تلفن همراه

mobil

شبکه ی ارتباطی

netværk

دستگاه فتوکپی

kopimaskine

نرم افزار

software

تلفن

telefon

پریز

stikdåse

دستگاه فاکس

fax

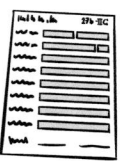

فرم

formular

مدرک

dokument

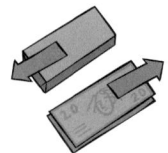

خریدن

købe

پرداخت کردن

betale

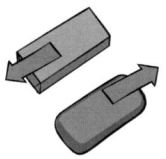

تجارت کردن

handle

پول

penge

دلار

dollar

یورو

euro

ین

yen

روبل

rubel

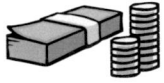

فرانک سوئیس

schweizerfranc

یوان رنمینبی

renminbi yuan

INR

روپیه

rupee

دستگاه خودپرداز

hæveautomat

صرافی
vekselkontor

طلا
guld

نقره
sølv

نفت
olie

انرژی
energi

قیمت
pris

قرارداد
kontrakt

مالیات
skat

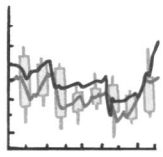

سهام سرمایه
aktie

کار کردن
arbejde

کارمند
ansat

کارفرما
arbejdsgiver

کارخانه
fabrik

مغازه
butik

مشاغل
erhverv

مامور پلیس
politimand
آتش نشان
brandmand
آشپز
kok
دکتر
læge
خلبان
pilot

باغبان

gartner

نجار

tømrer

خیاط زنانه

syerske

قاضی

dommer

شیمیدان

kemiker

بازیگر

skuespiller

راننده اتوبوس

buschauffør

راننده تاکسی

taxachauffør

ماهیگیر

fisker

نظافتچی زن

rengøringskone

سقف ساز

tagdækker

پیشخدمت رستوران

tjener

شکارچی

jæger

نقاش

maler

نانوا

bager

برقکار

elektriker

کارگر ساختمانی

bygningsarbejder

مهندس

ingeniør

قصاب

slagter

لوله کش

vvs-mand

پستچی

postbud

سرباز

soldat

معمار

arkitekt

صندوقدار

kasserer

گل فروش

blomsterhandler

آرایشگر

frisør

مامور کنترل بلیط در قطار

togfører

مکانیک

mekaniker

ناخدا

kaptajn

دندانپزشک

tandlæge

دانشمند

videnskabsmand

عالم یهودی

rabbiner

امام

imam

راهب

munk

کشیش

præst

ابزارآلات

værktøj

چکش
hammer
انبردست
tang
پیچ گوشتی
skruedrejer
آچار
skruenøgle
چراغ قوه
lommelygte

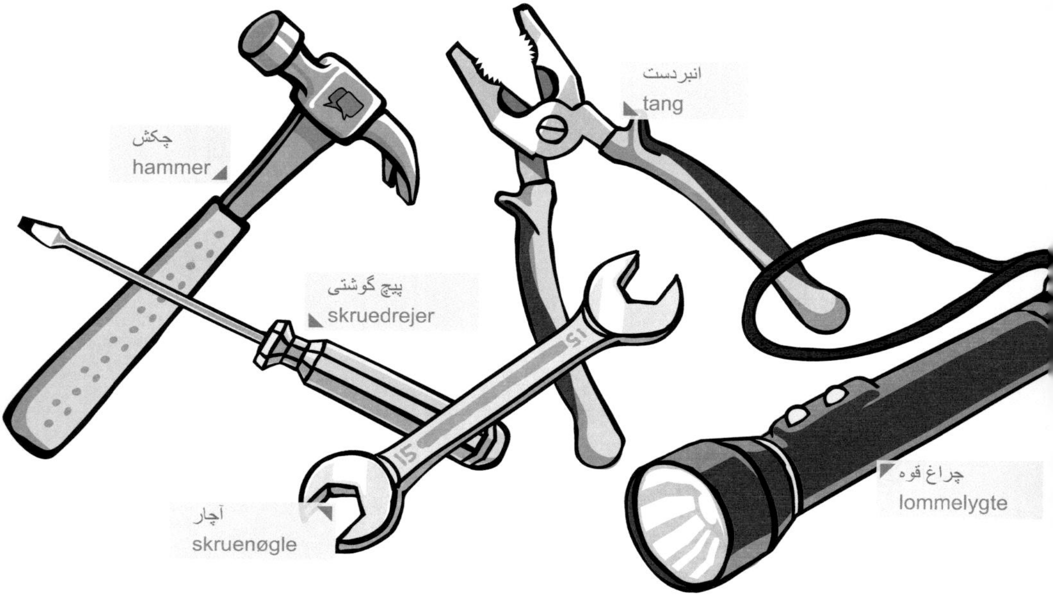

بیل مکانیکی

gravemaskine

جعبه ابزار

værktøjskasse

نردبان

stige

ارّه

sav

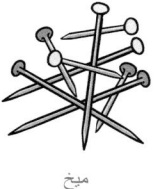

میخ

søm

مته

bor

تعمیر کردن

reparere

بیل

skovl

لعنتی!

Lort!

خاک انداز

fejebakke

سطل رنگرزی

malerspand

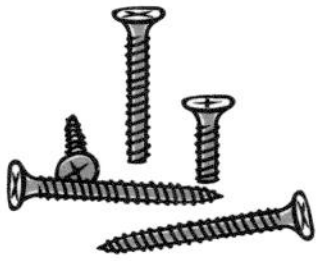

پیچ

skruer

آلات موسیقی

musikinstrumenter

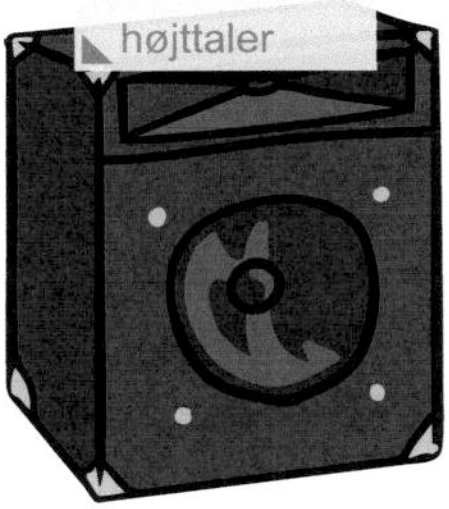

بلندگو

højttaler

درامز

trommer

گیتار

guitar

کنترباس

kontrabas

ترومپت

trompet

پیانو

klaver

ویولن

violin

گیتار بیس

bas

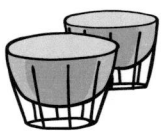

تیمپانی

pauke

طبل

tromme

کیبورد الکتریک

keyboard

ساکسیفون

saxofon

فلوت

fløjte

میکروفون

mikrofon

zoo

ورودی
indgang
ببر
tiger
قفس
bur
گورخر
zebra
خوراک حیوانات
dyrefoder
خرس پاندا
panda

حیوانات
dyr

فیل
elefant

کانگورو
kænguru

کرگدن
næsehorn

گوریل
gorilla

خرس
bjørn

شتر
kamel

شترمرغ
struds

شیر
løve

میمون
abe

فلامینگو
flamingo

طوطی
papegøje

خرس قطبی
isbjørn

پنگوئن
pingvin

کوسه
haj

طاووس
påfugl

مار
slange

تمساح
krokodille

نگهبان باغ وحش
dyrepasser

خوک آبی
sæl

پلنگ امریکایی
jaguar

اسب کوچک

pony

پلنگ

leopard

اسب آبی

flodhest

زرافه

giraf

عقاب

ørn

گراز

vildsvin

ماهی

fisk

لاک پشت

skildpadde

شیرماهی

hvalros

روباه

ræv

غزال

gazelle

ورزش ها

sport

فوتبال آمریکایی
amerikansk football
دوچرخه سواری
cykling
تنیس
tennis
بسکتبال
basketball
شنا
svømning
بوکس
boksning
هاکی روی یخ
ishockey

فوتبال

fodbold

بدمینتون

badminton

دوومیدانی

atletik

هندبال

håndbold

اسکی

skiløb

پولو

polo

فعالیت ها

aktiviteter

خندیدن
grine
پریدن
springe
بغل کردن
give et knus
راه رفتن
gå
آواز خواندن
synge
رؤیا دیدن
drømme
دعا کردن
bede
بوسیدن
kysse

نوشتن

skrive

رسم کردن

tegne

نشان دادن

vise

هل دادن

skubbe

دادن

give

برداشتن

tage

داشتن

have

انجام دادن

gøre

بودن

være

ایستادن

stå

دویدن

løbe

کشیدن

trække

پرتاب کردن

kaste

افتادن

falde

دراز کشیدن

ligge

منتظر بودن

vente

حمل کردن

bære

نشستن

sidde

لباس پوشیدن

tage på

خوابیدن

sove

بیدار شدن

vågne

تماشا کردن

se på

گریه کردن

græde

نوازش کردن

ae

شانه کردن

kæmme

حرف زدن

tale

فهمیدن

forstå

پرسیدن

spørge

شنیدن

høre

آشامیدن

drikke

خوردن

spise

مرتب کردن

rydde op

عاشق بودن

elske

پختن

koge

رانندگی کردن

køre

پرواز کردن

flyve

قایقرانی کردن

sejle

محاسبه کردن

regne

خواندن

læse

یاد گرفتن

lære

کار کردن

arbejde

ازدواج کردن

gifte sig med

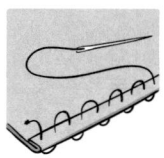

دوختن

sy

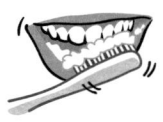

مسواک زدن

børste tænder

کشتن

dræbe

سیگار کشیدن

ryge

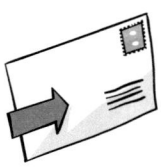

فرستادن

sende

خانواده

familie

مادربزرگ
bedstemor
پدربزرگ
bedstefar
پدر
far
مادر
mor
کودک
baby
فرزند دختر
datter
فرزند پسر
søn

مهمان

gæst

خاله، عمه

tante

دایی، عمو

onkel

برادر

bror

خواهر

søster

بدن
krop

پیشانی
pande
چشم
øje
شانه
skulder
انگشت دست
finger
صورت
ansigt
چانه
hage
دست
hånd
ساق پا
ben
سینه
bryst
بازو
arm

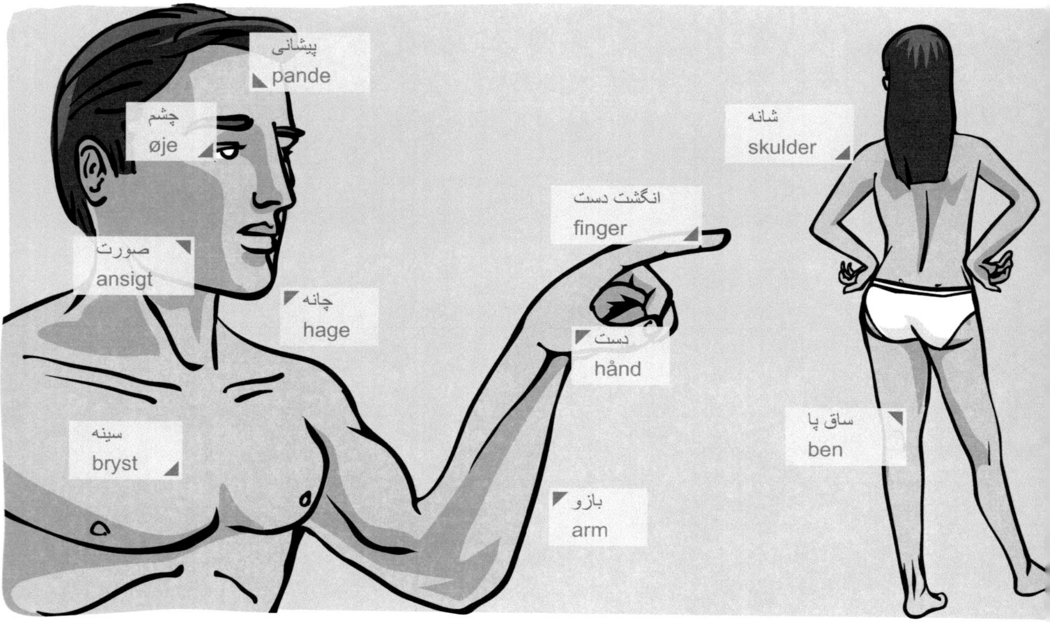

کودک
baby

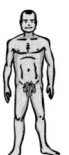

مرد
mand

زن
kvinde

دختربچه
pige

پسربچه
dreng

کله
hoved

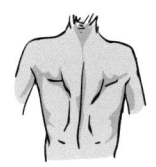

کمر

ryg

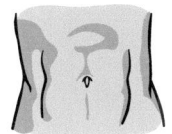

شکم

mave

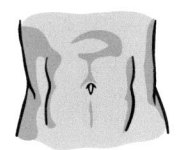

ناف

navle

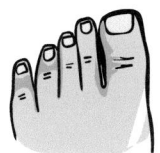

انگشت پا

tå

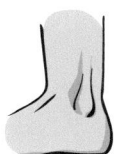

پاشنه

hæl

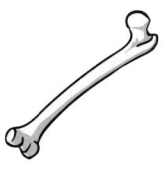

استخوان

knogle

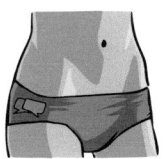

لگن

hofte

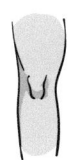

زانو

knæ

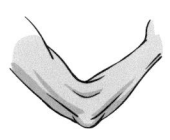

آرنج

albue

بینی

næse

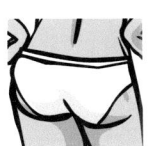

نشیمنگاه

bagdel

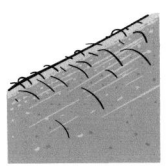

پوست

hud

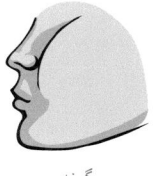

گونه

kind

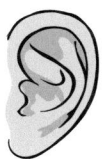

گوش

øre

لب

læbe

دهان

mund

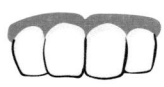

دندان

tand

زبان

tunge

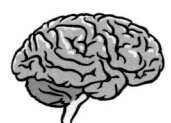

مغز

hjerne

قلب

hjerte

عضله

muskel

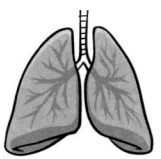

ریه

lunge

کبد

lever

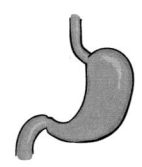

معده

mavesæk

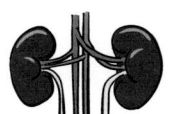

کلیه

nyrer

آمیزش جنسی

sex

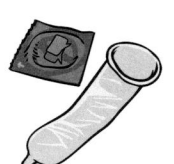

کاندوم

kondom

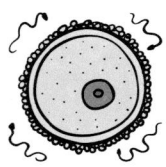

تخمک

ægcelle

اسپرم

sperm

حاملگی

svangerskab

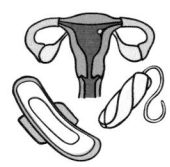

پریود

....

menstruation

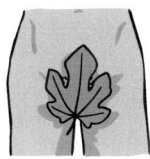

واژن

....

vagina

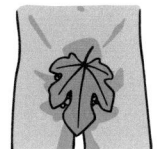

آلت تناسلی مرد

....

penis

ابرو

....

øjenbryn

مو

....

hår

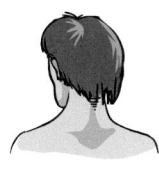

گردن

....

hals

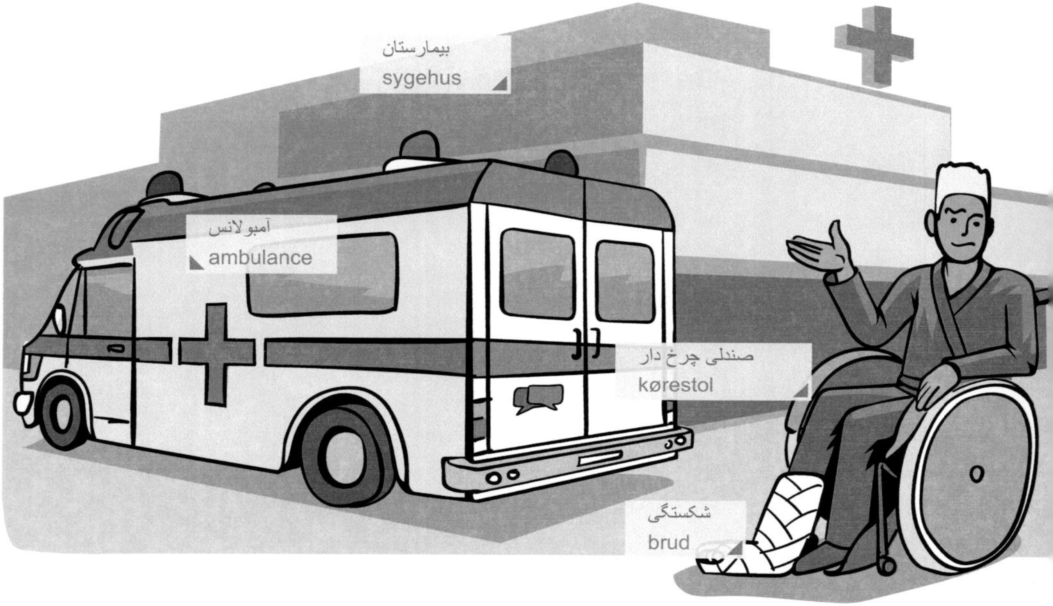

بیمارستان

sygehus

آمبولانس
ambulance
صندلی چرخ دار
kørestol
شکستگی
brud

دکتر

lække

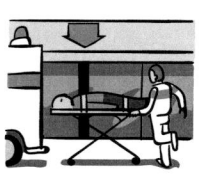

بخش اورژانس

akutmodtagelse

پرستار

sygeplejerske

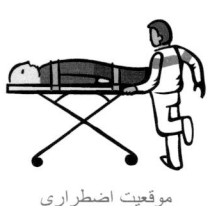

موقعیت اضطراری

nødstilfælde

بی هوش

bevidstløs

درد

smerte

مصدومیت

skade

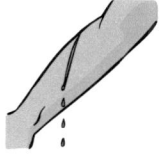

خونریزی

blødning

سکته قلبی

hjerteinfarkt

سکته مغزی

slagtilfælde

آلرژی

allergi

سرفه

hoste

تب

feber

آنفولانزا

influenza

اسهال

diarré

سردرد

hovedpine

سرطان

kræft

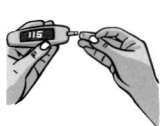

دیابت

diabetes

جراح

kirurg

چاقوی جراحی

skalpel

عمل جراحی

operation

سی تی اسکن

CT

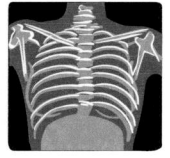

پرتونگاری

røntgen

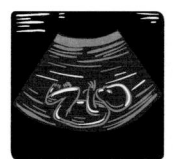

سونوگرافی

ultralyd

ماسک صورت

maske

بیماری

sygdom

اتاق انتظار

venteværelse

چوب زیر بغل

krykke

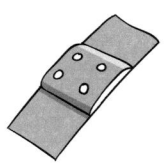

چسب زخم

plaster

پانسمان

forbinding

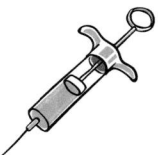

تزریق

injektion

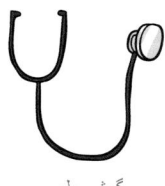

گوشی طبی

stetoskop

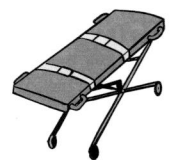

برانکار

båre

دماسنج

termometer

زایش

fødsel

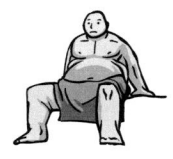

اضافه وزن

overvægt

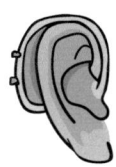

سمعک

høreapparat

ماده ضد غفونی کننده

desinficerende middel

عفونت

infektion

ویروس

virus

اچ آی وی / ایدز

HIV / AIDS

دارو

medicin

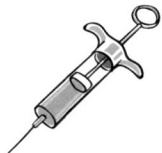

واکسیناسیون

vaccination

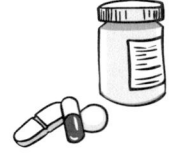

قرص

tabletter

قرص ضد حاملگی

pille

تماس اظطراری

nødopkald

دستگاه اندازه گیری فشارخون

blodtryksmåler

مریض / سالم

syg / rask

موقعیت اضطراری

nødstilfælde

کمک!

Hjælp!

آژیر خطر

alarm

حمله

overfald

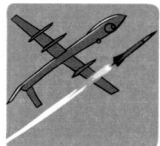

حمله ی فیزیکی

angreb

خطر

fare

خروج اظطراری

nødudgang

آتش

Det brænder!

کپسول آتش‌نشانی

ildslukker

تصادف

uheld

جعبه کمک های اولیه

førstehjælps-kuffert

درخواست کمک

SOS

پلیس

politi

کره زمین

Jorden

اروپا

Europa

آمریکای شمالی

Nordamerika

آمریکای جنوبی

Sydamerika

آفریقا

Afrika

آسیا

Asien

استرالیا

Australien

اقیا نوس اطلس

Atlanterhavet

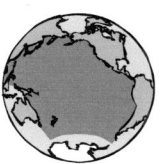

اقیانوس آرام

Stillehavet

اقیانوس هند

Indiske Ocean

اقیا نوس اطلس جنوبی

Sydlige Ishav

اقیانوس منجمد شمالی

Ishav

قطب شمال

Nordpol

قطب جنوب

Sydpol

قاره قطب جنوب

Antarktis

کره زمین

Jorden

سرزمین

land

دریا

hav

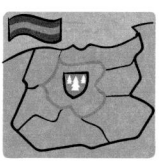

جزیره

ø

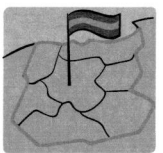

ملت

nation

کشور

stat

ساعت

ur

صفحه ی ساعت

urskive

ساعت شمار

timeviser

دقیقه شمار

minutviser

ثانیه شمار

sekundviser

ساعت چند است؟

Hvad er klokken?

روز

dag

زمان

tid

اکنون

nu

ساعت دیجیتال

digitalur

دقیقه

minut

ساعت

time

هفته

uge

FR
SO
دوشنبه
mandag
سه شنبه
tirsdag
چهارشنبه
onsdag
پنج شنبه
torsdag
جمعه
fredag
شنبه
lørdag
یک شنبه
søndag

دیروز

i går

امروز

i dag

فردا

i morgen

صبح

morgen

ظهر

middag

غروب

aften

روزهای کاری

arbejdsdage

آخر هفته

weekend

سال

år

باران
regn
رنگین کمان
regnbue
باد
vind
برف
sne
بهار
forår
پاییز
efterår
تابستان
sommer
زمستان
vinter

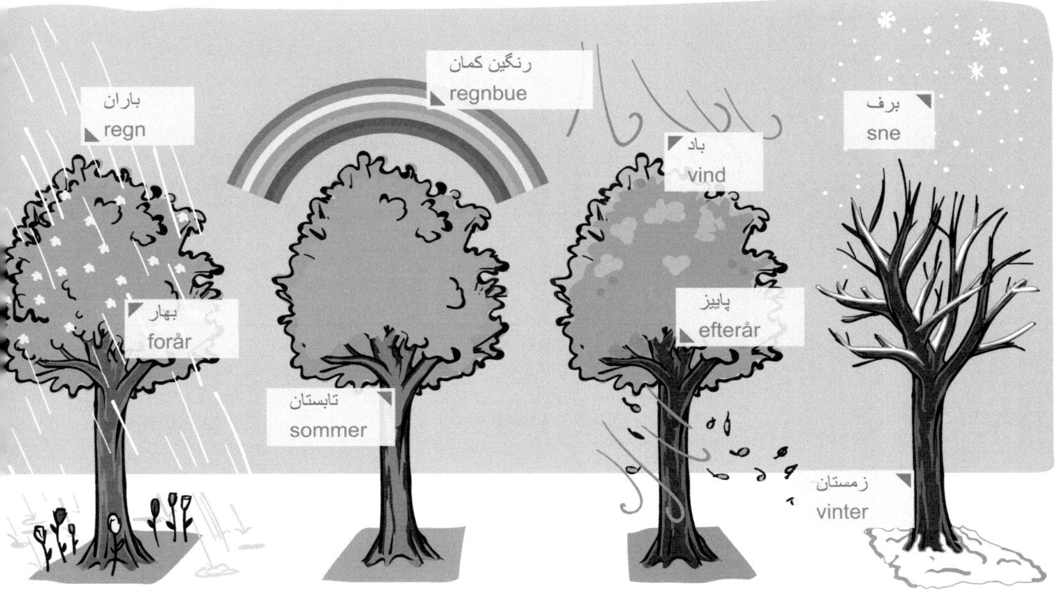

پیش‌بینی اوضاع جوی

vejrudsigt

F

دماسنج

termometer

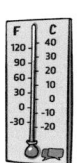

تابش آفتاب

solskin

ابر

sky

مه

tåge

رطوبت هوا

luftfugtighed

صاعقه

lyn

آسمان غره

torden

طوفان

storm

تگرگ

hagl

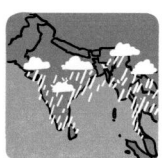

باد موسمی

monsun

سیل

flod

یخ

is

ژانویه

januar

فوریه

februar

مارس

marts

آوریل

april

مه

maj

ژوئن

juni

ژوئیه

juli

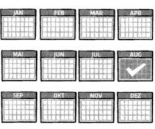

آگوست

august

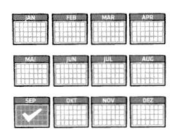

سپتامبر

september

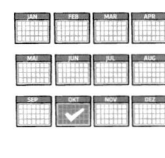

اکتبر

oktober

نوامبر

november

دسامبر

december

اَشکال

former

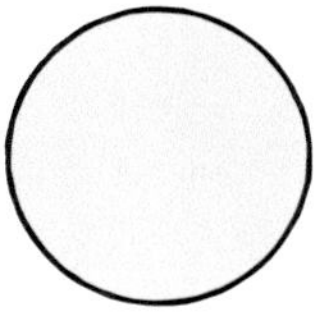

دایره

cirkel

مربع

kvadrat

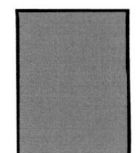

مستطیل

firkant

سه گوش

trekant

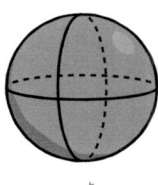

کره

kugle

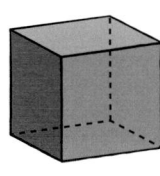

مکعب مربع

terning

رنگ ها

farver

سفید

hvid

زرد

gul

نارنجی

orange

صورتی

pink

قرمز

rød

بنفش

lilla

آبی

blå

سبز

grøn

قهوه ای

brun

خاکستری

grå

سیاه

sort

modsætninger

خیلی / کم

meget / lidt

خشمگین/ آرام

rasende / fredelig

زیبا / زشت

smuk / grim

شروع / پایان

begyndelse / slut

بزرگ / کوچک

stor / lille

روشن / تیره

lys / mørk

برادر / خواهر

bror / søster

تمیز / آلوده

ren / snavset

کامل / ناقص

fuldkommen / ufuldkommen

روز / شب

dag / nat

مرده / زنده

død / levende

پهن / باریک

bred / smal

قابل خوردن / غیر قابل خوردن

spiselig / uspiselig

غضبناک / مهربان

vred / venlig

هیجان زده / بی حوصله

ophidset / kedet

چاق / لاغر

tyk / tynd

اولین / آخرین

først / sidst

دوست / دشمن

ven / fjende

پر / خالی

fuld / tom

سفت / نرم

hård / blød

سنگین / سبک

tung / let

گرسنگی / تشنگی

sult / tørst

مریض / سالم

syg / rask

غیرقانونی / قانونی

illegal / legal

باهوش / خنگ

intelligent / dum

چپ / راست

venstre / højre

نزدیک / دور

nær / fjern

نو / استفاده شده

ny / brugt

هیچ چیز / چیزی

intet / noget

پیر / جوان

gammel / ung

روشن / خاموش

tændt / slukket

باز / بسته

åben / lukket

آهسته / بلند

stille / højt

ثروتمند / فقیر

rig / fattig

درست / غلط

rigtig / forkert

زبر / صاف

ru / glat

غمگین / خوشحال

ked af det / lykkelig

کوتاه / بلند

kort / lang

کند / تند

langsom / hurtig

تر / خشک

våd / tør

گرم / خنک

varm / kold

جنگ / صلح

krig / fred

اعداد
tal

0	1	2
صفر	یک	دو
nul	en	to
3	4	5
سه	چهار	پنج
tre	fire	fem
6	7	8
شش	هفت	هشت
seks	syv	otte
9	10	11
نه	دَه	یازده
ni	ti	elleve

12

دوازده

tolv

13

سیزده

tretten

14

چهارده

fjorten

15

پانزده

femten

16

شانزده

seksten

17

هفده

sytten

18

هجده

atten

19

نوزده

nitten

20

بیست

tyve

100

صد

hundrede

1.000

هزار

tusinde

1.000.000

میلیون

million

زبان ها

sprog

انگلیسی

engelsk

انگلیسی آمریکایی

amerikansk engelsk

چینی ماندارین

kinesisk mandarin

هندی

hindi

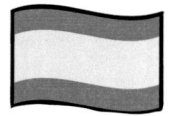

اسپانیایی

spansk

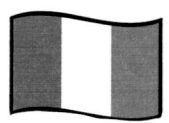

فرانسوی

fransk

عربی

arabisk

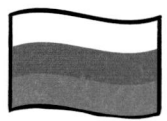

روسی

russisk

پرتغالی

portugisisk

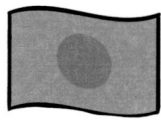

بنگالی

bengalsk

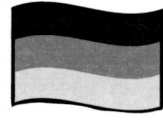

آلمانی

tysk

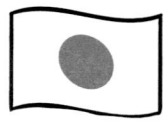

ژاپنی

japansk

چه کسی / چه چیزی / چگونه
hvem / hvad / hvordan

من

jeg

تو

du

او

han / hun / den / det

ما

vi

شما

I

آنها

de

چه کسی؟ کی؟

hvem?

چی؟

hvad?

چگونه؟

hvordan?

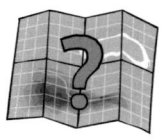

کجا؟

hvor?

کی؟

hvornår?

نام

navn

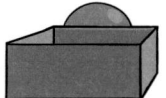

کجا

hvor

پشت

bag

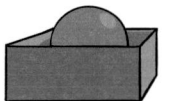

توی

i

جلو

foran

بالای

over

روی

på

زیر

under

مجاور

ved siden af

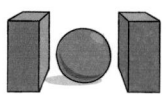

بین

imellem

مکان

sted